문학과지성 시인선 315

정오의 희망곡

이장욱 시집

문학과지성사

문학과지성사에서 펴낸 이장욱의 시집

영원이 아니라서 가능한(2016)
음악집(2024)

문학과지성 시인선 315
정오의 희망곡

초판 1쇄 발행 2006년 4월 13일
초판 16쇄 발행 2025년 3월 4일

지 은 이 이장욱
펴 낸 이 이광호
펴 낸 곳 ㈜문학과지성사
등록번호 제1993-000098호
주   소 04034 서울 마포구 잔다리로7길 18(서교동 377-20)
전   화 02)338-7224
팩   스 02)323-4180(편집) 02)338-7221(영업)
전자우편 moonji@moonji.com
홈페이지 www.moonji.com

ⓒ 이장욱, 2006. Printed in Seoul, Korea

ISBN 89-320-1963-3 03810

이 책의 판권은 지은이와 ㈜문학과지성사에 있습니다.
양측의 서면 동의 없는 무단 전재 및 복제를 금합니다.

지은이는 2006년 한국문화예술위원회가 지원한 창작지원금을 수혜했습니다.

문학과지성 시인선 315
정오의 희망곡

이장욱

2006

시인의 말

나쁜 꿈이 계속되자 그는
인생에서 가장 쉽게 잊을 수 있는 이름들만을
열심히 떠올렸다.
그런데 당신과 나와 이 모든 것은,
비 내리는 새벽에
대체 무엇이라는 걸까요?
단 한 발의 총성과 함께
우리는 갑자기 명해지고.

2006년 4월
이장욱

정오의 희망곡

차례

시인의 말

제1부

전선들 9
우리는 여러 세계에서 10
인파이터 12
좀비 산책 14
결정 16
엉뚱해 18
완전한 밤 20
근하신년 22
불균형한 생각 24
정오의 희망곡 26
19세기의 비 28
기린의 사랑 30
소음들 32
가을에 만나요 34
눈 내리는 마을 36
정확한 질문 38
아프리카 식 인사법 40
10년 후의 야구장 42

제2부

여름의 인상에 대한 겨울의 메모 45
여행자들 46
지진 49
春子 50
당신과 나는 꽃처럼 52
이탈 54
잡담 56
불놀이야 58
식물성 60
아마도 악마가 62
만남의 광장 64
오해 66
마네킹 68
먼지처럼 70
복화술사 72
비열한 거리 76
괴물과 함께 톨게이트 79
궤적 80

제3부

실종 83
내일은 중국술을 마셔요 84
투우 86
황혼 무렵의 투우 88
계단의 힘 90

사생활 92
중독 94
물질들 96
기하학적 구도 98
달려라 버스 100
칼 102
오늘도 밤 104
용의자 106
외계인 인터뷰 110
당신의 활동 영역 112
오늘의 날씨 114
나의 우울한 모던 보이 116
확산 118
새들의 비밀 120

해설 | 코끼리군의 실종 사건과 탈인칭의
사랑 · 이광호 122

제1부

전선들

우리는 완고하게 연결돼 있다
우리는 서로 통한다

전봇대 꼭대기에 올라가 있는 배선공이
어디론가 신호를 보낸다

고도 팔천 미터의 기류에 매인 구름처럼
우리는 멍하니
상공을 치어다본다

너와 단절되고 싶어
네가 그리워

딧새 한 마리가 전선 위에 앉아
무언가 결정적으로 제 몸의 내부를 통과할 때까지
관망하고 있다

우리는 여러 세계에서

서로 다른 사랑을 하고
서로 다른 가을을 보내고
서로 다른 아프리카를 생각했다
우리는 여러 세계에서

드디어 외로운 노후를 맞고
드디어 이유 없이 가난해지고
드디어 사소한 운명을 수긍했다

우리는 여러 세계에서 모여들었다
그가 결연히 뒤돌아서자
그녀는 우연히 같은 리듬으로 춤을
그리고 당신은 생각나지 않는 음악을 찾아 바다로

우리는 마침내 서로 다른 황혼이 되어
서로 다른 계절에 돌아왔다
무엇이든 생각하지 않으면 물이 돼버려
그는 落下의 자세로 정지하고

그녀는 간절히 기도를 시작하고
당신은 그저 뒤를 돌아보겠지만

성탄절에는 뜨거운 여름이 끝날 거야
우리는 여러 세계에서 모여들어
여전히 사랑을 했다
외롭고 달콤하고 또 긴 사랑을

인파이터
―코끼리군의 엽서

저기 저, 안전해진 자들의 표정을 봐.
하지만 머나먼 구름들이 선전포고를 해온다면
나는 벙어리처럼 끝내 싸우지.
김득구의 14회전, 그의 마지막 스텝을 기억하는지.
사랑이 없으면 리얼리즘도 없어요,
내 눈앞에 나 아닌 네가 없듯. 그런데,
사과를 놓친 가지 끝처럼 문득 텅 비어버리는
여긴 또 어디?
한 잔의 소주를 마시고 내리는 눈 속을 걸어
가장 어이없는 겨울에 당도하고 싶어.
다시는 돌아오지 못할 곳
방금 눈앞에서 사라진 고양이가 도착한 곳.
하지만 커다란 가운을 걸치고
나는 사각의 링으로 전진하는 거야.
날 위해 울지 말아요, 아르헨티나.
넌 내가 바라보던 바다를 상상한 적이 없잖아?
그러니까 어느 날 아침에는 날 잊어줘.
사람들을 떠올리면 에네르기만 떨어질 뿐.

떨어진 사과처럼 멍하니 창밖을 바라보는데
거기 서해 쪽으로 천천히, 새 한 마리 날아가데.
모호한 빛 속에서 느낌 없이 흔들릴 때
구름 따위는 모두 알고 있다는 듯한 표정들.
하지만 돌아보지 말자, 돌아보면 돌처럼 굳어
다시는 카운터 펀치를 날릴 수 없지.
안녕. 날 위해 울지 말아요.
고양이가 있었다는 증거는 없잖아? 그러니까,
가이사의 것은 가이사에게
구름의 것은 구름에게.
나는 지치지 않는
구름의 스파링 파트너.

좀비 산책

비가 내리자
나는 드디어 단순해졌다
당신을 잊고
잠깐 무표정하다가
아침을 먹고
잤다

낮에는 무한한 길을 걸어갔다
친구들은 호전적이거나 비관적이고
내 몸은 굳어갔다

한 사람을 살해하고
두 사람을 사랑하고
잠깐 울다가
음악을 들었다

나의 사랑은 변하지 않았다
나의 죽음은 변하지 않았다

나는 금욕적이며
장래 희망이 있다

1968년이 오자
프라하의 봄이 끝났다
레드 제플린이 결성되었다
김수영이 죽었다

그 후로도 오랫동안
나는 여전히 태어나지 않았다
비가 내리자
나는 단순하게
잠깐 울다가
선신하였나

결정

아침에 깨어나면 모든 것이 멈출 것이다.
사소한 돌멩이들이 차갑게 침묵할 것이다.
사물들은 후퇴할 것이다.

나는 약속을 취소한다.
세면과 식사 준비와 출근을 취소한다.
창문이 얼어붙는다.
바깥과 안의 대기가 격렬하게
단단한 물방울을 만들고 있다. 서서히
모든 것이 정지한다.
이제 유리는 어느 먼 곳의 금속,
어지러운 지평선에서 이상한 마음이 불어온다.

친구들에게 전화를 걸고 싶다.
하지만 너무 많은 것을 반성해서는 안 된다.
나에게는 신비로운 과거가 없으며,
나에게는 늙으신 아버지가 있으며,
나는 오로지 지금 이곳에 있다.

갑자기 무서운 생각이 시작된다.
단 하나의 생각이
나를 결박한다.
나는 얼어붙는다.
오 분 전과 머나먼 미래가 한꺼번에 다가온다.
나는 천천히, 몸을 일으킨다.

엉뚱해

갑자기 흥겨워지는 사람이 있고
갑자기 지쳐버린 사람이 있고
내일이 오자
문득 내 인생에서 사라지는 사람이 있고

아침에는 私心이 없어졌다
긍정의 힘으로 나아갔다
중력은 고마워, 그게 없으면
십 년 전은 어디로 갈까
어제는 또 어디로

나는 펭귄처럼 무심해졌다
뒷골목을 헤매도 삐라가 없고
인공위성의 고도를 상상할 수 없고
북극의 밤은 길어

우리는 엉뚱하게
年金을 부었다

갑자기 미래가 시작되었다
그래도 우리는 사랑을 믿어요

저 앞에서 뒤뚱거리며
펭귄이 다가오고 있었다
무언가 생각하는 눈치였다
엉뚱해 역시
펭귄이란

완전한 밤

이 밤은 아홉 시에서 열한 시까지 흘러가요
아홉 시에서 열한 시까지의 이 밤은

주공아파트 8층에서 몸을 던진 여자가 2층 난간에 걸려
그 긴 머리가 늘어져 있는 밤이에요
이 밤에는 음악이 없어요

나는 아홉 시에서 열한 시까지
역전 다방의 커다란 수족관 앞에 앉아 긴 머리를 매만져요
나는 이상한 시간에 대해 생각하지만
형광등 아래의 열대어들, 후회 없이 하늘거려요

또 긴 머리의 그녀는
아홉 시에서 열한 시까지의 밤에 대해서는 생각하지 않고
귤껍질이 마르는 소리를 들으며 잠을 청해요

그녀는 꿈속에서도 흔들리지 않지만

이 밤은 아홉 시에서 열한 시까지 흘러가요
오로지 이 밤은 아홉 시에서 열한 시까지의 밤이라서요

근하신년
—코끼리군의 엽서

너에게 나는 소문이다.
나는 사라지지 않지.
나는 종로 상공을 떠가는
비닐봉지처럼 유연해.
자동차들이 착지점을 통과한다.
나는 자꾸
몸무게가 제로에 가까워져
밤새 고개를 들고 열심히
너를 떠올렸다.
속도 자체는 아무것도 아니야.
사물과 사물 사이의 거리가 있을 뿐.
나는 아무 때나 정지할 수 있다.
완벽하게 복고적인 정신으로 충만하고 싶어.
가령 부르주아에 대한 고전적인 적의 같은 것.
나를 지배하는
기압골의 이동 경로, 혹은
저녁 여덟 시 홈드라마의 웃음.
나는 명랑해질 것이다.

교보문고 상공에
순간 정지한 비닐봉지.
비닐의 몸을 통과하는 무한한 확률들.
우리는 유려해지지 말자.
널 사랑해.

불균형한 생각

실내에서 조금씩 움직이는 사물들
이제 다른 자세로 서 있는 팔걸이의자
나는 소파에 모로 누워
의자가 움직여 감춘 것들을 생각하네
탁상시계
로자 룩셈부르크의 최후
혹은 냉장고에 붙어 있는 포스트잇
이제 보니 방이 약간 기울어졌던가
삼 분 전에는
삼 년 전에는
다른 배열

아마 누군가 식사를 하고 간 모양이지
생각에 잠긴 친구
오래전의 어머니
아니면 처음 보는 초식 동물
하지만 비둘기가 그은 창밖의 곡선은
어디로 사라졌나

우연히 시선이 마주친 구름처럼
약간 기울어져 어디론가 쏟아질 듯한 방
나는 우연하여 집요한 의문에 시달리고
이제 일 년 뒤의 횡단보도를
다른 표정으로 건너가는 남자.

삼성 서비스 센터의 불 꺼진 입간판 곁에 서서
그의 등을 물끄러미 바라보는 초식 동물.
그 하늘거리는 긴 뿔과
더불어 지나가는 새벽이란.
나는 햇빛의 각도에 맞추어
고개를 약간 내려뜨리네
내 생각은 지금 막
어디론가 쏟아질 듯한네

정오의 희망곡

우리는 우호적이다.
분별이 없었다.
누구나 종말을 향해 나아갔다.
당신은 사랑을 잃고
나는 줄넘기를 했다.
내 영혼의 최저 고도에서
넘실거리는 음악,
음악은 정오의 희망곡,
우리는 언제나
정기적으로 흘러갔다.
누군가 지상의 마지막 시간을 보낼 때
냉소적인 자들은 세상을 움직였다.
거리에는 키스 신이 그려진
극장 간판이 걸려 있고
가을은 순조롭게 깊어갔다.
나는 사랑을 잃고
당신은 줄넘기를 하고
음악은 정오의 희망곡,

냉소적인 자들을 위해 우리는
최후까지
정오의 허공을 날아다녔다.

19세기의 비

19세기의 비가 내리면
목요일에 전화할게.
목요일,
유일한 목요일에는 전화할게.
오늘은 순교자들이 싫어져
자꾸 고개를 저었네.
어제부터는 모든 게 비대칭이야.
골목 모퉁이를 돌면 또 모든 게 새로워지는,
그런 마법을 아는,
중세의 여자를 만나고 싶네.
사랑과 햇빛을 위해서라면 부디
안락사를 허용해줘요,
밤거리를 걷다가 문득
영원한 음악 따위가 흐르지 않도록.
나는 단순한 벌레처럼 변신 중이고
나는 사라진 빗방울을 찾아 헤매네.
동그라미를 사랑해서
벌써 동그라미가 되어버린

무정한 여자에게는 전화를.
나는 무능력한 마법사,
모퉁이를 돌면 마법처럼
목요일은 나타나겠지.
순교자들이 싫어,
아홉 시 뉴스의 순교자들이 싫어,
나는 빗속에서 전화를 하겠지.
달콤한 목요일,
유일한 목요일에는 또
19세기의 비가 내리면

기린의 사랑

喪家는 분명했다.
모든 것은 확정되었다.
검은 구두를 벗고
모호한 자들은 자꾸 앉았다.
기린과 같은 시간을 살아가지만
기린을 생각하지 않는 자와
내일 밤의 악몽을 쌓아가는 자와
오 분 전으로부터 마구 달려온 자가
잔을 기울였다.
자정의 병원은 하드보일드
당신의 오 분 전과
나의 웃음과
머나먼 기린의 사랑이
황홀한 곡선을 그렸다.
國家保安法은 유효하고
눈은 내리고
모든 윤곽들은 최선을 다해
즉흥적이다.

심야 택시가 동부간선도로를 질주할 때
긴 목을 하늘거리며 한 마리의 기린이
도로를 횡단하였다.
기린은 잠시 고개를 돌렸다.
나는 그의 무심한 눈망울을
영원히 기억하였다.

소음들

오전 열한 시에 나는 소리들을 흡수하였다.
오전 열한 시에 나는 가능한 한 시끄러웠다.
창문을 열고 수많은 목소리가 되었다.
나는 음속으로 변형되었다.
네 안에 들어가서
삼십 초 동안의 기억이 되었다.
비 내리는 어머니의
썩어가는 몸을 흘러갔다.
나는 소문이 흩어지는
무한한 형태가 되었다.
육식 동물의
더러운 식욕이 되었다.
혈관 속을 지나가는 피와 피의
현란한 각도,
아이들이 자라는 속도,
우유가 상해가는 소리,
나는 무성 영화 속의 주인공이
가장 크게 벌린 입이 되었다.

오전 열한 시에 나는 귀를 막았다.
오전 열한 시에 나는 눈을 닫았다.
나는 완벽하게 침묵하였다.

가을에 만나요

오늘은 인형처럼 걸어다녔다
광화문에서는 관절이 부드럽게 회전하였다
종로에서는 눈을 깜빡이지 않았다
나의 완성을 모두가 용서하였다
견고한 삶이 시작되자
나는 무한히 순결하였다
벌거벗는 것은 좋아
매우 아름다운 것도 좋지
나는 남의 사생활을 금방 잊을 수 있다
나는 어떤 편향도 없다
무슨 말인가 흘러나오려는 순간에
조용히 멈출 수 있다
사랑을 위해 옷을 갈아입었지만
혜화동의 가을은 정기적으로 흘러가고
생각은 플라스틱처럼 휘어졌다
네거리에서 좌회전하여 편의점이 보이자
나는 정지하여 당신을 기다렸다
드디어 당신의 미소를 느끼며

나는 전진하였다
당신을 향해
한 발 한 발

눈 내리는 마을

눈이 내렸다
그는 건조한 곳에 안구를 보관하였다
그녀는 귀를 잘라 은행에 맡겼다
나는 두근거리는 심장을 서류 봉투에 넣었다
총알처럼 발사되기를 기다리며
아이들의 작은 이빨이 무섭게 반짝였다
우리의 손톱과 발톱이 마음대로 자라
숲처럼 침묵하자
암소가 먼 곳에서 울었다
아오자이를 입은 처녀들
날아다니는 총각들
도대체 생각을 할 수가 없었다
사랑도 할 수가 없었다
대공황의 시절이 오더라도
낙관적인 꿈과 함께 살아가야지
손가락과 손가락이
하늘에서 우연히 접촉하였다
그러자 사랑스럽게 또 눈은 내리고

허공에서 스르르
사라졌다

정확한 질문

자꾸 다르게 보여
당신은 이미 태어났는데
당신은 사랑을 했었는데
당신은 지난해의 가을을 여행 중인데
당신은 오래 잊고 있었던 무엇인가를
막 떠올려 미소 지었는데

오늘은 자꾸 다르게 보여
당신의 월요일은 조용하고
눈을 감으면 당신의 창밖으로
명랑한 코끼리들은 쿵쿵
음악처럼 흘러가네

당신의 취미는 어제와 다르고
당신의 비 내리는 西海는 그제와 다르고
당신의 아침은 신비로워
당신의 신앙과
당신의 주말 드라마와

당신의 외로운 잠이 모두

다르게 보여
하지만 정확한 질문만 던질 거야
당신을 향해
금방 식사를 마친 듯한 표정으로

아프리카 식 인사법

계단들은 차분하게
중력의 이미지를 보여주었다

우리는 자꾸 높은 곳으로
또 낮은 곳으로
이동했다
리듬이 없었다

그해 겨울에도 전철 노선도는 더 복잡해지고
우리는 우리도 모르는 사이에 조금씩 더
지하에서 시간을 보냈지만

신문들은 매일 검고 두터운 헤드라인을 필요로 하고
각자 혼자가 되어 우리는
흰 빨래들이 흔들리는 옥상에서
멀리 지나가는 일요일을 바라보았지

그러니까 이제 더 가벼운 것에 대해 생각해보자

대기권을 향해 전속력으로 상승하는
　풍선의 사랑과
　너무 말이 없었던 하루
　그리고 아프리카 식 인사법 같은 것

　나는 매일 다섯 살짜리 여자아이처럼 두려워지고
　나는 내가 말할 수 없는 것들을 말하는 이들을 사랑
하고
　나는 흩어지는 연기를 한 시간 동안 바라볼 수 있다

　계단을 올라가다가
　계단을 내려가다가
　나는 너를 만나고
　우리는 아프리카 식으로
　안녕,
　하고 인사를,
　우리는 그렇게 코를 맞대고

10년 후의 야구장

오늘은 개인적인 관계로 가득하다.
오늘은 10년 후의 야구와 같다.

당신은 나에 대해 불쾌한 목격자이며
당신은 나에 대해 유예된 자,
10년 후의 3루수를 생각하며 자세를 낮추자
긴 가을은 비로소 끝난다.

알고 있지만 떠오르지 않는 생각처럼 우리는,
뭐라고 말할 수 없이 낯익은 오늘의 날씨 아래,

최선을 다해 개인적인 관계들을 생각하자
드디어 당신과 나는 10년 후의 야구를 이해한다.

누군가 플레이 볼—이라고 외치자
나는 있는 힘껏 배트를 휘둘렀다.
그리고 10년 후의 1루 베이스를 향해
필사적으로 달려갔다.

제2부

여름의 인상에 대한 겨울의 메모

내가 한 번도 살아보지 못한 도시가 불타고
우리는 매일 잠 속으로 돌아갔다.
정직한 날씨였다.
가급적 멍하니 존재하기 위해
자세를 낮추는 개가 있고
여름의 잎새들 사이로는
12월의 눈이 내렸다.
우리는 최선을 다해 서로에게서 멀어졌다.
두터운 외투를 입고 아지랑이 속으로 들어가면
바그다드의 폐허를 걸어가는 늙은 팸므가 있고
뜨거운 폭격기가 날아가고
겨울의 아이들이 뛰어다녔다.
수평선 너머에서 어제의 잠 속으로
긴 파도가 밀려오자 우리는
서로를 등진 채 힘껏 달렸다.
정직한 날씨였다.
우리는 겨울에 다시 만나 지친 개처럼
뜨거운 혀를 내밀겠지만.

여행자들

후포에 가자 / 후포에 가서 / 가장 단순한 표정으로 지상에 내리는 / 음악이 되자 / 사소한 흔들림들을 모아 수평선을 이루면 / 아지랑이처럼 늙은 고래들이 느리게 이동하는 곳 / 결국 우리는 후포에 가자

여행은 즐거워.
오늘은 개미들이 대열을 이루어 행진 중이에요.
본능은 향기롭고, 뜨거운 매미는 죽었고, 여름이에요.

내비게이터 위를 깜빡이며 이동하는 점. 여름의 내가 눈을 감자 겨울의 당신은 영원히 전방을 주시합니다. 우리는 나란히 떠났다가, 깜빡이며 돌아옵니다.

하지만 어지러워.
나는 무서운 속도로 자전하는 행성을 여행했네.
너무 오래 빙빙 돌아서 젤리가 된 고양이처럼
우리는 매일 미래에 닿았던 거지. 당신은,

내 사랑, 어디 있니?
짐승의 살이 위장에서 형체를 잃어가듯
나는 여행 중이고 자꾸 몸이 지워져.
내 죽은 여자의 아침을 따라,

러시아와 인도와 샴을 나는 다 돌아다녔어요.
쿠바에 가면 로맨틱한 혁명가들을 볼 수 있을까요?
아바나에서 가장 가까운 해변에 데려다줘요.
거기서 두 손을 동그랗게 모아 목청껏 불러보겠어요.
쿠바는 쿠바, 아바나는 아바나.

 그런데 오늘은 자꾸 다른 방향으로 머리카락이 자라. 내가 널 사랑했을까?
 소년의 표정을 지우고 수많은 이발사들을 잊고 이제 마지막 일몰을 향해 머리카락은 자라네. 머리카락은 명랑해.
 꿈과 또 꽃피는 침대가 사라지자 유일하게 창조적

이지.

 내게 비 내릴 때 네게 이상한 아침이 오고 내게 소중한 것이 없을 때 너는 어쩔 수 없이 눈을 깜빡이고 내가 유물론자로서 시를 읽을 때 너는 마침내 마지막 여행을 결심했다.

 다 같이 돌자, 동네 한 바퀴.
 우리는 만나겠지. 우리는 어디선가.

 깜빡이며 이동하는 은하수가 블랙홀로 사라지는 장관을 본 적이 있어요? 그곳이 소실점일까요? 그 밤 내 우리는 청평 호반을 걷고 있었잖아요.

지진

나는 다른 생각을 하고 있었다.
기다렸다는 듯
유리에 맺힌 안개가 증발하였다.
수도관의 저편에서 빙하의 이동이 시작되었다.
오래전의 여자가 잠시 나를 떠올렸다.
나는 다른 생각을 하고 있었다.
우리는 골목처럼 이상한 시간을 지나가고 있는데
떠놓은 쌀뜨물은 민감하게 흔들렸다.
벽에 걸린 사진이 정교하게 기울었다.
다른 생각 속으로는 한없이 쇠락하는 배후와 함께
기차가 맹목적으로 사라졌다.
진앙을 알 수 없는 흔들림이 당신의 어제와
그녀의 잠에 닿았을 때
나는 다른 생각을 하고 있었다.
나무는 침묵을 완성하자 두 팔을 벌렸으며
편의점의 두터운 유리에는 기다렸다는 듯
뜨거운 안개가 내렸다. 누군가 하루 종일
生活에 대해 말하고 싶었는지도 모른다.

春子

당신은 사랑을 해본 적이 있어요?
나는 나르시스처럼 우아하게 고개를 드네.
나는 GPS에 포착되고
나는 감지되지 않을 정도의 속도로 움직이지.
지구는 나와 함께
초당 30킬로미터씩 이동 중.
나는 어지러운 것들의 기준이며
비정규직으로서 행복한 자.
나는 춘자를 사랑하네.
나는 아이들과 자가용을 혐오하지만
아이들과 자가용은 나를 무시하지.
비 내리는 하얼빈을
최후의 풍경으로 삼을 수 있을까요?
안드로이드가 되어보아도
머리를 떼어 냉장고에 넣을 수 없네.
나는 열심히 춘자를 사랑하여
어제도 오늘도 나무 곁에 앉아
겨우 숨을 쉬었습니다.

나는 녹색연합 회비를 자동 이체로 내지만
녹색연합 회보는 무균실 같애,
인생은 흔쾌하게 흘러가고
나는 이동하는 위성을 바라보며
하루 종일 뜨거운 표정을 짓네.
당신께 맹세할 수 있지만,
나는 사랑을 해본 적이 있어요.
춘자와 사랑을,
춘자와는 영원한 사랑을,

당신과 나는 꽃처럼

당신과 나는 꽃처럼 어지럽게 피어나
꽃처럼 무심하였다.
당신과 나는 인칭을 바꾸며
거리의 끝에서 거리의 처음으로
자꾸 이어졌다.
무한하였다.

여름이 끝나자 모든 것은 와전되었으며
모든 것이 와전되자 눈이 내렸다.
허공은 예측할 수 없는 각도로 가득 찼다.

누군가 겨울이라고 외치자
모두들 겨울을 이해하였다.
당신과 나는
나와 그는
꽃의 미래를 사랑하였다.
시청각적으로
유장하였다.

당신과 그는 가로수가 바라볼 수 없을 만큼
화사하고
그와 나는 날아가는 새가 조감할 수 없을 만큼
빠르게 변신하고
나와 당신은 유쾌하게 떠들다가
무표정하게 헤어졌다.

우리는 일에 몰두하거나
고도 15미터 상공에 앉아
전화를 걸었다.
창가에 서서 쓸쓸한 표정으로 바깥을 바라보자
다시 당신이 지나가고
배후에 이지러운 꽃이 피있다.

이탈

조그만 나사는 천천히 회전한다.
한 바퀴를 돌아가는 아주 오랜 동안
구멍 깊은 곳으로 그가 빠져나간 만큼 바람 든다.
안 보이는 그곳을 메우기 위해
사기그릇이 놓인 선반은 느리게 기울어진다.
너를 보내고 돌아오면서 나는
시속 일백 킬로로 질주하는 택시 안에 있었다.
나는 밤하늘을 바라보았지만
추락에 대해 상상하는 별들은 없었다.
별 하나가 보이지 않게 궤도를 바꾸는 순간
실내의 난은 무거워진 몸을 낮춘다.
소파에 누운 네 몸의 빈곳으로
잠은 별빛처럼 스며든다.
하지만 모든 것은
약간의 이동일 뿐이니까.
그것은 술을 마시며 네가 한 말이었다.
붉고 긴 선들이 사 차선 거리 저편으로 사라진다.
내가 밤하늘의 시선으로 나의 질주를 바라보자

사기그릇이 놓인 선반은
어떤 추락에 대해 상상한다.
조그만 나사는 천천히 회전한다.
구멍 깊은 곳으로 천천히 바람은 든다.
밤거리의 저편으로 나는
조금씩 기울어진다.

잡담

나는 복도에서
나는 자판기 곁에서
나는 버스 안에서
분수처럼 흩어졌다
흩어져서
아무 곳으로나 스며들었다

나는 손톱이 자라는 속도와 함께,
지루한 이야기와 이야기 사이의 짧은 침묵과 함께,
길을 걷다가 누군가 부른 듯하여
뒤를 돌아보는 시선과 함께,
그 시선이 가닿은 곳에서 마주친
지나가는 사람의 눈빛과 함께,
그 눈빛의 잊혀짐과 함께,

격렬하게 통화 중인 사내의 머리카락 끝에서
다시 머리카락 끝을 밀어 올리며
정교하게 성장하는 검은 빛 속으로,

문득 비 내리는 허공이 이루는
빗줄기와 빗줄기 사이의
수학적인 간격과 더불어,
저무는 하늘 저편에서
서서히 번져오는
어둠에 의해,
당신과 내가 주고받던
아주 짧고 떠올릴 수 없는 이야기들의
終局에는,

나는 버스 안과
나는 자판기 곁과
나는 보도블록 위에서
결국 분수처럼

불놀이야

무서워
아침마다 우스워
나를 반올림하면
내 몸은 천천히 떠오르겠지
나는 무서워 또
우스워
립싱크를 해볼까요
늙은 프로 레슬러가 갑자기 포효하듯
어디선가 맹활약하고 싶어
당신을 사랑할 때까지
능청스러워질 때까지
검은 팬츠를 입고

명동 사 차선 도로 한가운데
사랑을 꿈꾸는 자세로
사냥당한 마녀의 영혼으로
두 팔을 벌리고
네게

운명을 건 윙크를 하는 거야
그 순간 메트로폴리탄의 가로등은 일제히 꺼지고
행인들은 얼어붙고
나는 가장 필연적인 종말을 떠올리네
드디어 두 팔을 벌리고
불놀이야 아 아 아
거대한 입을 벌리자
나는 무서워
나는 또 우스워
반올림 음계를 밟고 다가오는
첨단의 노을 아래서

식물성

햇살이 비닐하우스처럼 드리워지자
우리들은 자란다.
우리는 턱을 치켜들고
최대한 빠른 속도로 달리지만
누군가 이해할 수 없는 外國人처럼 묻지.

지금, 당신들은, 어디에, 있습니까?

네 입 속에서 기나긴 물관이 보여.
늙은 개가 허공에 코를 대고
머나먼 향기를 불러오듯
우리는 열심히 달리고
우리는 이동하지 않네.
꽃은 發生하지만 너는 한 번도
혁명을 믿어본 적이 없잖아.
뿌리는 지하를 향해, 줄기는 태양을 향해,
또 꽃은 정기적으로.

중력은 무한하다.
우리는 슬로 모션으로 생장하는
낙관주의자들.
추락하는 햇빛을 온몸으로 받아내는
내 친구들.

내 몸에도 꽃 피네.
나는 친구들이 피워 올린 허공을
물끄러미 바라본다.
나는 외로운 짐승처럼
허공으로 뻗어간다.
기분이 좋다.

아마도 악마가

그랬을 거야.
로마의 휴일에는 모든 게 복고풍이어서
다시는 네 얼굴이 떠오르지 않지.
나는 온몸이 지워질 만큼 빠르게 생각을 하네.
오늘은 종신 보험을 들고
오늘은 前生이고
오늘은 모든 게 무책임해.
어쩐지 기분이 좋지.

마침내 기억은 금방 죽은 사람의 것처럼 줄어드네.
너와 키스를 하자
너는 나를 모르고
미친 듯이 후진하는 자동차들은 한강 변을 달려.
나는 드디어 바다를 처음 보지.
아주 단순한 소년 생활,
먼 곳에서 되돌아오는
유신 말기의 첫사랑,

내가 웃으며 부드러운 물에 잠기자
모든 게 예상대로지.
모든 게 마음에 들어.
내가 단 하나의 점으로 줄어들자
또 모든 게 마음에 들어.
그랬을 거야, 로마의 휴일에는 악마가
아마도 악마가
빨간 바지를 입고 날아다니겠지.
나는 오늘 아침에도 열심히
뒤로 걸었네.

만남의 광장

우리는 언제나 만났다. 다가오는 당신을 향해 내가 오른손을 들자 당신의 왼손이 마술처럼 올라가고,
우리는 자꾸 가까워졌다.

우리는 하나의 현장을 이룩했는데, 우리는 왜 점점 무능력해지지? 당신은 오리온좌를 생각하지 않고 나는 한가한 남자이기를 그치고 우리는 서로에게서 도망칠 수 없네.

우리는 모여들었다. 나는 예의 바르게 살아갈 것이며, 당신은 어쩔 수 없이 인생을 혐오하겠지만
내가 실루엣이 되어 당신의 동공을 점령하자 드디어,
당신의 낡은 입술은 열렸다.

안녕.

나는 내 최후의 저녁에 오늘의 인사를 떠올릴 수 없으리. 우리는 광장의 트로트와 함께, 우리는 타타타

떠가는 군용 헬기와 함께,
 인생은 정기적으로 교체되지.

 드디어 광장이 우주선처럼 떠오르자, 누군가 있는
힘을 다해 고함을 질렀다.
 내가 오른손을 내리는 순간 당신의 왼손은
 아지랑이 속으로
 홀연히 사라지고.

오해

나는 오해될 것이다. 너에게도
바람에게도
달력에게도.

나는 오해될 것이다. 아침 식탁에서
신호등 앞에서
기나긴 터널을 뚫고 지금 막 지상으로 나온
전철 안에서
결국 나는
나를 비껴갈 것이다.

갑자기 쏟아지는 햇빛이 내 생각을 휘감아
반대편 창문으로 몰려가는데
내 생각 안에 있던 너와
바람과
용의자와
국제면 하단의 보트 피플들이 강물 위에 점점이 빛
나는데,

너와 바람과 햇빛이 잡지 못한 나는
오전 여덟 시 순환선의 속도 안에
약간 비스듬한 자세로 고정되는 중.
일생을 오해받는 자들
고개를 기울인 채
다른 세상을 떠돌고 있다.

누군가 내 짧은 꿈속에
가볍게
손을 집어넣는다.

마네킹

바람이 바람을 넘쳐 플래카드를 흔들고
잎 넓은 나무가 잎 넓은 나무를 넘쳐 푸르른 날

나는 경건하였다.
나는 불순한 상상을 하지 않았다.
나는 완벽하게 나를 조절하였다.
그러므로 당신은 나의 표정을 읽지 못한다.
당신이 바라볼 때마다
나의 침묵은 부활한다.
나의 시선은 이미
완성되어 있다.

격렬한 밤이 당신을 지나갈 때도
나는 기하학적인 자세를 유지한다.
내 시선 끝에 서 있는 대우아파트
나는 그의 정지 자세를 이해한다.
피고 지는 것들은 지겨워.
나는 서서히 낡아갈 것이며

나의 최후는 단호하다.

플래카드 아래로 당신이 당신을 넘치며 걸어온다.
당신이 당신에게서 흘러나와 긴 그림자를 이룰 때
잠시 공중에 머물렀던 낙엽이
당신의 배후를 횡단한다.
당신은 혼자 고개를 흔든다.
나는 당신이 지겹다.

먼지처럼

나는 코끼리의 귀가 되어 펄럭거리고
너는 개의 코가 되어 먼 곳을 향하고
우리는 공기 중을 부드럽게 이동하였다.

活命水를 마시고 있는 약국 안의 사내와 함께
머리를 말리고 있는 여자의 거울 속에서
우리는 우리의 배경이 되어
무한히 지나갔다.

오늘 아침의 세계는 역사와 무관하고
어젯밤의 세계는 다만 어젯밤의 세계,
우리는 어지럽고 아름다웠다.
먼지처럼
음악처럼

오늘은 누군가 성수와 뚝섬 사이에서 사라지고
누군가 병든 유태인처럼 창문에 머리를 기대고
누군가 박물관의 입구처럼 조용해지고

아침에는 추리 소설 속의 탐정처럼 깨어났다.

노련한 사서들은 언제나 음악의 비유를 경계했지만
우리는 미래의 음표로 나아가기 위해 현재에
집중해야만 하는 피아니스트와 같이

나는 내일도 기린의 목처럼 부드럽게 휘어졌다.
너는 모레도 하마의 입처럼 무거워졌다.
우리는 삼십 년 후에도 가득한 먼지처럼
천천히 이동하였다.

복화술사

1

서랍 속으로 사라진 것들이
어느 날 문득 서랍 속으로 돌아오듯
어느 날 다시 돌아오는
오래전의 목소리.

2

가령 골목을 따라가다 다른 골목을 만나면
두리번거릴 수밖에.
갑자기 나타난 곳에서
갑자기 살아가는 것들이 있다.
골목이 끝나면 펼쳐지는
오래된 신세계.

3

저곳인지도 모른다.
조금 낮은 지상이면 어디든 입을 벌리고 있는
다른 세계로의 통로,
가령 담 아래 수챗구멍들.
보이지 않는 개미 동굴들.
우리들의 벌린 입.

다른 세계로 사라진 것들이 자꾸 치밀어 오르는
밤과 호리병의 나라.

4

문득 공포 영화의 엑스트라처럼
나는 어쩔 수 없이 뒤를 돌아봐.
내 표정은 가능한 한

어떤 의미도 담지 않으려 하지만.

내가 걸어 들어온 곳을 숨죽여 바라보면
어느새 마른 나무들의 윤곽이 바뀌어 있고
담장 위 깨진 병 조각들 속으로
어제의 달빛은 재빨리 스며든다.

5

이제 다른 세계가 돌아오는 시각.
욕실 하수구로 빨려 들어간 머리카락들
흑백 사진 속으로 사라진 천연색
우이천 살얼음에 새겨진 물결
오 분 전의 구름

아무리 여행을 계속해도
둘러보면 다시 그곳인,

밤과 호리병의 나라.

6

나는 지구의 회전을 느낄 때가 있다.
세계는 무한한 골목들로 이루어져 있다.

어느 순간 너를 습격하는 상형 문자들.
너의 내부에서 드디어
다른 목소리가 흘러나오는 날이 있다.
혹은 돌아오는 날.

비열한 거리
—코끼리군과의 통화

 운전기사 최씨는 종점에 붙들려 있다. 종점이 그를 사로잡아 거대한 기계를 움직인다. 종점은 언제나 외곽에 있다.

 응, 응. SK아파트 앞에서 내릴 거야. 먼 데 저녁 산이 이동 중이다. 안 보이는 종점들이 6차선 도로에 자욱해.

 좆 같은 거, 최씨는 조금 침묵하다가 러시아워의 도로를 향해 침을 뱉는다. 그래도 우리의 전진은 계속되지. 가로수는 완고하게 지구와 연결돼 있잖아. 나무는 달리거나 총총, 뛰어내리지 않지. 우리가 이동한 거리를 다 합한다면,

 제자리로 돌아갈 수 있을까? 우리는 가볍게 뒤돌아서서 휘파람을 불자. 핸들 옆에 매달린 프로펠러는 최씨의 머리칼을 향해 공기를 밀어낸다. 맹목적인 것들은 멈추지 않고,

우리는 눈을 감은 채 또 생각을 하지. 가을이 그 가을이 다시 온다면, 어린 시절의 자전거를 타볼게. 어디선가 손이 나타나 고무 핸들을 잡아줄 거야. 발은 문득 황금빛 페달을 돌려. 손과 발의 기억은 어디 숨어 있던 걸까? 하지만 나는 조금도 균형을 무너뜨리지 못하겠지. 전방의 소실점이 나를 사로잡을 뿐. 그게 내 거푸집이다.

창밖의 가로수가 헤엄쳐 와 수족관 속의 나를 멀거니 쳐다보네. 저 유연한 표정, 지겹잖아? 그래서 聖者란 자들이 싫다는 거야. 너희 열둘은 내가 뽑은 사람들이 아니냐 그러나 너희 가운데 하나는 악마이다(요 6:70), 리고 그분도 말씀하셨지. 소파에 누워 8회 말의 프로 야구를 볼 때처럼 나는 필연적이고,

다음 정류장은 SK아파트입니다. 최씨의 반명함판 얼굴은 출구 상단에 붙어 있다. 그는 오늘밤에도 심상

한 표정으로, 좆 같은 것, 이라고 뇌까릴 것이다. 술잔 속에서 먼 수평선을 향해 둥둥 떠가는 돼지기름,

 그래, 맘대로 해. 나는 너를 피해 먼 곳을 돌아갈 테다. 우리 만나지 말자. 그렇게 해서 우리는 영원히 연결되는 거야. 아름답쟈? 난 자꾸 웃음이 나와. 탕 탕, 끝내는 거야.

 나의 이동을 같은 위도에서 따라오는 먼 산. 별로 할 말이 없다는 듯, 죽은 이들을 품고 흘러간다. 저 완벽한 균형이 지겹지도 않은가 봐. 그렇지?

괴물과 함께 톨게이트

 괴물을 그리자. 괴물의 꼬리는 낭창 휘어지다가 낭창 당신의 허리를 감고, 괴물의 뾰족한 혓바닥은 유쾌해, 당신도 웃음을 터뜨리지.

 차창 바깥으로 한강을 건너는 괴물을 그리자. 역시 비는 내려. 괴물의 슬픈 눈가에 또 눈은 내려. 한 발을 내딛으면 큰물이 지겠지만, 또 한 발을 내딛으면 아무도 돌아보지 않네.

 오늘도 괴물은 괴물, 마천루를 짓밟고, 내일도 괴물은 괴물, 등이 부드러워. 낭창 휘어지다가 낭창 허물어지기가 십상. 고개를 들어 무한한 아가리를 벌리자 세상의 음악들, 그의 입속으로 사라지네.

 괴물의 다리 사이에서 우산 쓴 사람들은 아이스크림을 핥아요. 괴물은 오늘도 괴물, 나와 함께 영원히, 톨게이트를 지나네.

궤적

3점 슛을 쏘는 남자의 미세한 근육 안에서
공의 궤적과
공기의 저항이 충돌할 때

다섯 갈래의 손가락들이
무언가를 향해
自身을 돌아볼 때

손끝과 링 사이의 허공이
지금 막 통과하는 공의 궤적을
마침내 기억할 때

그대에 대한 나의 중얼거림이 문득
아주 물리적인 것들로 가득할 때

이 완벽하게 수학적인 궤적 안에서
내 온몸이 내 온몸을
고요히 돌아볼 때

제3부

실종

나는 조금씩 너에게 전달되었다.
나는 내 바깥에서 태어났다.
나는 아무것도 회상하지 않았지만
한 치의 오차도 없이
사라지기 시작하였다.
길을 걸어가는데
누군가의 기억이
내 머리카락을 들어 올렸다.
내 발이 지상을 떠나가는 풍경을
행인들은 관람하였다.
내 눈썹과 입술과 또 어깨가
격렬하면서도 고요하게 실종 중일 때
알 수 없는 먼 곳에서
누군가 문득
뒤를 돌아보았다.
나는 햇살 속에서
두 팔을 한껏 벌렸다.

내일은 중국술을 마셔요

어젯밤의 거리에는 고양이들이 무한하게 숨어들고
숨고 달리다가 영원히
사라지고

우리는 작년에 복권을 사고
올해도 우리의 인생은
전문가들이 이끌어주겠지

나는 꿈 밖으로 새나가는 목소리를 막았으면 해
부디 당신이 내게 관대할 수 있도록

3년 후에는 조금씩 무능력해져서 행복하고
5년 후에는 아주 오랜만에 반성을 하네

오늘은 완벽한 인간으로 살겠지만
내일은 그런 것들이 좋다

잠 속에 꽂힌 화살이 바람에 흔들리고

또 이 밤엔 영문을 모르고 깨어나겠지

내일은 중국술을 마시고
고양이들이 달리는 거리를 걷기로 해요

지구상에 단 하나뿐인 밤의 거리에서
하루 종일 유리창들은
투명하느라 바쁘고

우리는 고양이처럼 섬세하게
숨고 달리다가 영원히
사라지고

투우

우리 사이에 어떤 기미가 있었다.
우리 사이에 꽃이 피었다.
우리 사이에 물이 얼었다.
적어도 나는
명료하다.

나의 몸은 집중적으로
지속된다.
나는 끝내
외향적이다. 끊임없이
나의 유일한 외부,
당신을 향해
이송 중이다.

단 하나의 소실점이 확장될 때
내가 단 하나의 소실점에 갇힐 때
그것은 확률인가?
볼록 렌즈를 통과한 햇빛이

검은 점을 이루는 순간,

나의 첨단은 나를 떠나
드디어 당신을 통과하였다.
나의 질주는 뜨겁고
결국 완성될 것이다.
나는 타오르는 얼음과 같다.
수많은 발자국들이 허공을
질주 중이다.

황혼 무렵의 투우

무언가
스며드는 것 같아 무언가
결정적인 것 같아
마치 나무는
하늘을 성취한 것 같아

18층 강철 뼈대가 돋아나고
너와 나 사이의 비밀이 잊혀지고
봉분이 자라고
소년의 호주머니에 소형 나이프가 피어날 때

정면을 응시한 스페인 소는
브라운관 속을 질주하여 결국
붉은빛의 기하학을 완성하지

오류는 없으며
최적의 소음이 그를 둘러싸지
무언가 결정적으로

오해하고 싶어

하지만 스페인 소는 이미
첨예하지
그의 뿔은
돌발적이지
어느 순간

아파트 화단 옆의 죽은 나무로 서서
이제 막 붉어가는 황혼을 성취하지
스페인 소는
질주 중이지

계단의 힘

계단은 단 하나의 의혹도 가지지 않았으며
계단은 미래에서 온 음악과 같아.
당신이라면 탭 댄스도 가능하겠지만
계단은 정교하다는 것만으로도 당신을 지배하지.

마치 남을 의식하지 않는 힘으로 살아가듯이
마치 정확하게 제자리로 돌아오는 생각인 듯이

계단은 완전한 계단들로 이어져
홀연히 사라지지 않네.
지금 계단을 내려오는 당신은 계단으로 가득하며
당신도 모르게 계단이며
그로써 당신은 당신이 얻을 수 있는
가장 근사한 높이를 얻은 것이지만

한번쯤 튀어 올랐다가
다른 세계로 사라진 빗방울처럼
당신은 홀연히 계단 속으로 스며들었네.

오늘도 우리는 차근차근
계단의 역사를 논의하지만,

사생활

너는 사적인 표정으로
약간의 손짓을 섞어 내게 얘기하는 중,
너와 나를 투명하게 비추는 카페 프란츠
대형 통유리 너머로
사생활의 역사가 흘러간다
장엄하다
어떤 사생활이든 활보가 가능한 거리인 것이다
비둘기는 장엄한 자세로
지금 막 생애 최고의 활강을 마치고 안착한다
이 도시에서 지금 그것을 목격한 자는 나뿐
나는 그 활강의 자세를 정확하게 기억한다
하지만 고요한 비둘기를 향해 아이는
아주 사적인 돌을 던지고
비둘기의 사생활은 가볍게 무너지고
나는 드디어 너를 바라본다
너와 나는 동지다
내일 아침에도 아파트에는
재활용 수거를 알리는 음악이 울려 퍼지겠지

동지들은 광장을 가득 메우고
우리는 장엄한 세계를 건너가리
그리고 또 장엄한 오후가 오면
추리닝에 쓰레빠를 끌고 당당하게
창림김밥 유리문을 밀고 들어가는 거야
생애 최고의 활강을 위해 다시 이륙하던 비둘기가
김밥집 창밖에서 나를 힐끗
바라보는 순간

중독

 오늘은 어제의 거리를 다시 걷는 오후. 현대백화점 너머로 일몰. 이건 거의 중독이야. 하지만 어제는 또 머나먼 일몰의 해변을 거닐었지.

 이제 삼차원은 지겨워. 그러니까 깊이가 있다는 거 말야. 나를 잘 펴서 어딘가 책갈피에 꽂아줘. 조용한 평면. 훗날 너는 나를 기준으로 오래된 책의 페이지를 펴고, 또 아무런 깊이가 없는 해변을 거니는 거야.

 완전한 평면의 바다. 그때 바다를 바라보는 너로부터 검은 연필로 긴 선을 그으면, 어디선가 점에 닿는 것. 그 점을 섬이라고 하자. 그리고 그 섬에서 꿈 없는 잠을. 너는 나를 접어 종이비행기를, 나를 접어 종이배를, 나를 접어 쉽게 구겨지는 학을.

 조용한 평면처럼 어떤 내부도 지니지 않는 것들과 함께. 그러므로 모든 것이 어긋나버렸는지도 모르지. 서서히 늪에 잠겨가는 사람처럼, 현대백화점 너머로 일몰. 일몰을 배경으로 포즈를 취한 백화점 옥상에서, 지금 막 우울한 자세로 이륙하는 종이비행기.

물질들

돌들이 나와 무관하다
간판과 내가 무관하다
나는 미묘한 침묵에 빠진다

당신이 하나의 물질로서 나의 눈앞에 피어난다면
나는 기도하듯
당신을 물끄러미 바라볼 것이다

우리들 사이에 오랫동안
젖은 사람들이 피고 질 때에
나는 돌을 쓰다듬듯이
나는 간판을 바라보듯이

의아한 표정의 당신에게
물끄러미
스며들 것이다

사무실 창밖으로

주 예수를 믿으라 그리하면
너와 네 집이 구원을 얻으리라
고 적힌 플래카드가
나부끼고 있다

멍하니 앉아 있던 나는
죽은 친구의 전화번호를 찾아
수화기를 든다

기하학적 구도

그는 한없이 환원된다.
단 하나의 점으로. 필사적으로 수평선을 넘어가는 로빈슨 크루소의 뗏목으로. 국가 대표 양궁 선수가 꼬나보는 최후의 표적으로. 물밑을 투시하며 정교하게 활강하는
물새의 시선으로.

하지만 케이블 티브이를 주시하는 그의 시선과 무관하게
소파에 묻힌 새벽의 그는 또 수많은 표적을 향해 분할되지. 그의 위장은 마구 뒤섞인 음식물들과 함께. 그의 혈액은 불규칙한 순환 궤도를 따라.
안 보이지만
집요하게 다른 방향을 향해 증식하는 머리칼과
또 발톱의 기하학.

그의 몸을 이리저리 수렴해가는 허공의 소실점들은
어느덧 15층에서 추락하는 그의 몸에 작용하는

중력의 핵심으로.
그를 가두는 단 하나의 점.
위장과, 발톱과, 피와,
또 머리칼에게 휘파람을 들려줘.

시선을 돌려 창밖을 바라보면
길 잃은 개 한 마리가 무심하게
새벽 네거리의 평면에 사선을 긋고 있네.
그의 귓전을 스치는
시속 일백 킬로의 기계들.
수없이 그어지는 강철 선분을 끊고 새벽 여섯 시의
태양은
　수직의 이미지로 정지해 있지.

달려라 버스

내가 탄 7번 버스가 덜컹, 하는 순간
나는 완전히 7번 버스이다. 나는 3센티 상공에서
정확하게 내 몸을 의식하였다.
나는 기억하지 않고 생각하지 않고 무엇보다
오차를 허용하지 않는다.

그 순간에 꽃은 단 하나의 방향으로 피어나고
소년은 어느덧 다른 표정으로 고개를 끄덕이고
하늘의 연기는 연기 아닌 것들로 변한다.

드디어 낯선 바람이 꽃과 꽃을 이어 길을 흔들 때
소년의 몸 안에 맹렬히 피가 돌아 소년을 지울 때
하늘의 연기는 허공에 미세한 통로들을 만들어
스스로를 소리 없이 삭제하였다.

이제 또 무슨 생각이 나를 되찾아
와와 달려가는 하굣길 아이들을 멍하니 바라보는
7번 버스 종점,

나는 좀더 단호하게 고개를 흔들며
하염없이 꽃 피우는 거리를 걸어갈 것이지만
이것은 결국 기억하지 않고
생각하지 않고
오차를 허용하지 않는 오후인 것이어서
몇 대의 버스는 네거리를
맹렬히 질주 중이다.

칼

칼을 들면 보이는 것,
이 빛나는 첨단이 지나갈
뼈와 뼈 사이의 교교한 공간.

우리는 결국 고독할 거야.
다른 것이 몸속에 들어오면 알게 되지.
미성빌라 1층 계단에는 노란 리본이
바리케이트처럼 어둠을 가로지르고.
리본에는 접근 금지, 강북경찰서, 라고.

자정의 아파트는 놀이터에만 나가도 어지러워.
무능력하게 회전하는 별들.
어딘가 잠복해 있는 유령과 만나고 싶다.
아니면 죽은 어머니는.

내가 겨냥할 수 있는 것들이란 겨우
고도를 낮춘 밤의 구름들.
나는 저 구름을 찌른 적이 있네.

황혼이나 바다 역시.
모든 것을 받아들이는 내부란.

아주 구체적으로
미성빌라의 여자를 찌른 사내.
그 칼의 내부에는 구름과,
황혼이나 바다가 일렁이지 않는다.
나는 칼을 들어 칼이 반사하는
여자의 마지막 표정을 바라보지.

별들은 길 건너 미성빌라의 노란 리본을 향해,
어떤,
우울하고 교교한 공간을 지나.

오늘도 밤

밤의 인간들이 움직이기 시작했다.

우리는 요괴들처럼 말이 없었네.
여덟 개의 발을 가진 것들이 고요히 이동하듯이,
밤하늘에 깜박이는 것들의 저편을 상상하지 않는 힘
으로,
우리는 나아갔네.

불쾌한 비가 내려요.
나는 당신의 혈액형이 궁금하지 않고
시간이 갈수록 내일은
모레는
어젯밤 도로에서 깔려 죽은 고양이는
멀어져요.

우리는 부정적으로 말하지 않았다.
누구에게도 음악이 부족하지 않았다.
어떤 사소한 운명으로부터 연락이 오기라도 할 듯

몰두하였다.

저는 이제 밤 자체인 듯 캄캄해지고
당신은 참으로 정직해집니다.
그것이 우리의 오랜 불운이겠지만.

생각이 많아져서는 안 된다.
우리는 결국 도로 위의 고양이처럼 낡고 현명해.
네게는 번식의 욕망이 없고
내게는 또 다른 세계가 있다.

우리는 생각난 듯 잠이 들었네.
우리는 결국 요괴들처럼 눈뜰 것이네.
밤의 인간들로시
유쾌하고 정기적인
밤의 인간들로서

용의자

#1 새벽의 모란여관

삭제. 나는 지우는 자이다.

#2 욕실

이빨을 닦을 때마다 나를 흡수하는 거울. 그 순간 나는 유일하게 이빨에 사로잡힌 자. 나는 어제의 흔적을 지우기 위해 집요하다. 거울 속에서 명령을 수행하는 저 단순한 표정과 함께.

#3 중화반점에서 당신과 식사를

알리바이를 위해 당신을 만난 것은 아니지만, 당신을 만나자 나는 소리 없이 사라진다. 여전히 내 앞의 당신은 나를 의심하지 않고. 그것은 일종의 습관이다.

나의 행방은 일간스포츠와 내셔널 지오그래픽과 YTN
의 머나먼 소문 속으로. 때로는 담배 연기와 함께.

#4 은신처

담배와 신문을 사야 한다. 습관의 내부를 관찰할
것. 완벽하게 나를 은닉할 수 있는 그곳.

#5 LG 25

나를 의심하는 자가 없다는 사실을 증명하기 위해
나는 편의점의 여지를, 가판대의 사내를, 유심히 관찰
한다. 그 표정이 나를 영원히 삭제하는 순간이 온다.
그 순간 나는 편의점과 가판대를 떠난다. 삭제된 것들
이 나를 추적하지만, 나는 슬쩍 몸을 돌려 골목으로.

#6 내발산동

증거 인멸을 위해 몸을 바꾸는 낮과 밤. 아직 모든 것은 혐의일 뿐. 나의 위치는 상대적이다. 당신은 지금 어디 있는가?

#7 황혼을 건너오는 것

그러므로 이상한 同感의 순간이 있다. 지금 누군가가, 내가 바라보고 있는 황혼을 바라보고 있다는 것. 나는 당황한다. 나는 황혼을 통해 내게 건너온 당신과 무관한 자. 황혼이란 항상 사소한 우연일 뿐.

#8 삼성 파브

결국 나는 길가의 돌. 나는 천천히 발견될 것이다.

우연히 발에 차여 당신의 눈앞에 그 사소한 전모를 드러낸다는 것. 쇼윈도에 진열된 삼성 파브, 내셔널 지오그래픽의 화면이 물소의 뿔을 클로즈업하는 순간, 뿔의 배경으로 보이면서 보이지 않게 이동하는 초원의 태양.

#9 자정의 모란여관

침묵. 다시 돌아온다는 것.
침묵.

외계인 인터뷰

나는 가벼운 유머를 들은 듯
미소 짓는다 그건 나의 방식
예컨대 나는 고양이나 개와는 다른 종류

정체를 드러내지 않는 것들이 곁에 있으면
먼 산만 쳐다보게 되지
언제나 미봉책만이 가능하니까

당신은 천천히 나를 이해할 것이다
내가 말하는 속도는 속도가 아니라
나의 변신,
나는 나에게 연루되어 나에게서 나에게로
끝까지 이어진다

중독자들을 사랑하도록 하자
그들은 쉽게
바깥에 대해 무관심해지니까

나는 매 순간 개조되지만
어중간하게 당신을 신뢰하는 목소리를 내어보고는
멋쩍게 웃는다 언젠가는 먼 산을 위해
밤하늘을 위해
은하계 저편을 위해
희대의 유머 하나를 날리고 싶어
세상의 고양이
개
지구인들이 한꺼번에
미소 지을 수 있도록

우리는 모두 중독자의 외로운 밤처럼
뾰족하고 어두워

나는 먼 산과 또 당신을 위해
진심을 다해 변신 중이다
조심스럽게
조심스럽게

당신의 활동 영역

당신은 침대였다가
커튼처럼 활짝 열렸다가
운명론자의 웃음이 되었다가
도마 위의 고등어처럼
두 동강이 났다가

오후가 되자 당신은
신세계의 상품들 사이에 하루 종일 진열되었으며
말이 되어 나올 듯하다가 사라진
다른 세상이 되었으며
또 당신은 이빨 사이에 끼어
보이지 않게 부패해갔지만

어느덧 당신은 12층에서 추락한 후
엘리베이터를 타고 올라오고
당신은 어두운 밤이 되어
희미한 옛사랑을 목놓아 부르다
부르다

세수를 한 뒤
홈 쇼핑 채널에 출연하였다가 문득,
다시 침대가 되어

오늘의 날씨

제네바에서 모스크바까지
모스크바에서 또 서울까지
우리들은 잠으로 이어졌다.
우리는 지워진 몸으로 연결되었다. 이제야
수많은 손가락들은 아무것도 가리키지 않는다.
잠 속의 나는 당신에게
아무런 책임이 없다.

모든 사랑은 건전한 일상 속으로 사라져요.
어째서 우리는 견딜 수 있는 거지?
하지만 오늘은 저녁 약속이 있어요.
종로 3가 횡단보도 옆에 주저앉아,
석양을 받으며,
끄덕끄덕 졸고 있는 남자.

엘리베이터처럼 사각형으로 이루어진 세계를
우리는 동시에 떠올렸다.
우리의 내부에서 무엇인가 하강해.

우리는 지친 잠 속에서 만나겠지만
오늘의 날씨는 서울에서 제네바까지
제네바에서 또 모스크바까지
변동이 없었다.

오전에서 내일의 다른 오전까지는
날 잊어줘.
우리는 물구나무를 서서 장엄한 아침을 맞자.
물구나무는 외로워.
당신이 거꾸로 보이고
나는 오늘의 날씨 속으로
영원히 하강 중이지만

나의 우울한 모던 보이

 골목, 이라는 발음을 반복하자 서서히 골목이 사라진다. 골목이, 골목은, 골목을, 골목에서…… 하지만 창밖에 골목이 있다. 냉장고를 열고 우유팩을 꺼낸다. 내일은 선거일이다. 유통 기한이 지난 날짜가 찍혀 있다.

 하지만 음악은 발라드. 시인 오장환이 '백석은 모던 보이'라고 적어놓은 글을 읽었다. 아르바이트 급여를 확인하기 위해 나는 국민은행으로. 내일은 선거일이다. 백석은 모던 보이,

 나는 아직 과부하 상태인지도 모른다. 전방을 향해 맹목적으로 사라지는 롤러블레이드들. 뒤돌아보지 마 소금 기둥이 될 거야. 골목이, 골목은, 골목과, 결국 골목을…… 나는 걸어갔다.

 한때 혁명가였던, 아직 혁명가인지도 모르는, 컴퓨터 수리점 사장 김(金)을 먼발치로 발견하고, 나는 다

른 골목을 택해 걷는다. 골목이, 골목을, 골목과, 결국 골목은……

그는 나를 로맨틱한 동물이라고 명명한 적이 있지만, 그날 밤 동해로 떠난 것은 내가 아니었다. 아파트 신축 현장의 모래 바람이 골목을 휩쓸고 지나갈 때, 일당제 인부의 헬멧으로부터 클로즈업되는 '안전 제일.' 백석은 모던 보이가 아니다.

통장에 아르바이트 급여는 찍히지 않는다. 눈을 가늘게 뜨면, 서서히 떠오르는 것들. 가령 골목은, 골목과, 골목에, 골목의…… 도레미레코드점에서 울리는 음악은 발라드.

내일은 선거일이다. 국민은행의 간판에 앉았다가 날아오르는 까치 몇 마리. 내가 걸어가는 골목을, 골목의, 골목에서, 골목을 향해, 어느 먼 하늘 쪽으로부터 점점이, 명백한 자세로 밀려오는, 동해의 파도.

확산

그는 아주 빠르게
증발하였다.
아무도 고개를 돌리지 않았지만
그가 당신과 잡담을 나누고 있을 때
그의 손목은 지워졌다.
그의 팔이 사라지는 것을 바라보며
당신은 한일전 승부차기에 대해 말했다.

그의 다리가 지워지고 그의 허리와
그의 어깨가
삭제되었다.
그의 입술이 사라지자
당신은 침착하게
대화의 절정에 도달했다.
그는 익숙하게 형태를 버렸으며
창밖으로 마른눈이 내렸다.

당신에게 스며드는 그를

당신은 식사 중에
당신은 은행에서
당신은 섹스에 몰입하다가
당신은 살인의 충동에 시달릴 때

깨닫는다.
당신은 조간신문의 경제면에 대해
당신은 전화기 저편의 목소리에 대해
당신은 당신에 대해
갑자기 눈물겨웠다.
당신은 무한히 퍼져가는
그를 생각하였다.
그가 당신을 이해하여
당신의 어깨를
툭,
치고 지나갔다.

새들의 비밀

너와 나 사이에 비밀이 있었다.
나는 침묵했다.
사소한 비밀들로 팽팽히 채워진 채
진군하는 행인들, 우리는
금방이라도 터질 것 같애.
나는 내 얼굴을 지우고
그 얼굴을 기억하는
다른 얼굴이 되겠지만
보이지 않는 별들 사이로
새들의 저공 비행은
영원히 감추어진다.
좌판에서 거스름돈을 세던 남자는 잠시
죽은 여자를 잊을 것이며 그 순간
여자의 어둠 속으로 일년생 나무의 뿌리는
천천히 가닿을 것이지만.
쓰레기 차 한 대가 도시를 흘러나가고
나는 민노당을 지지하고
지구는 정기적으로

회전 중이다. 내 머리 위를 횡단하는
인공위성들.
오늘은 날씨가 좋다.
또 내일도
그럴는지 모른다.

|해설|

코끼리군의 실종 사건과 탈인칭의 사랑

이 광 호

만약 한 편의 서정시로부터 자명하고도 따뜻한 전언을 듣고 싶어 한다면, 당신은 이장욱의 시집을 읽지 않아도 된다. 그러나 한국 시의 모더니티의 한 극한에서 서정성 자체를 낯설게 하는 첨예한 시적 감각을 만나려 한다면, 이장욱을 읽는 것은 강렬한 경험이 될 수 있다. 그의 시에서 서정적 진술들은 문득 무심하고 모호한 무중력의 공간에서 부유하기 시작한다. 그는 눅눅한 잠언의 세계를 뒤집어, 건조하고도 서늘한 시적 현대성의 차원을 재구축한다. 현대의 좋은 시인들이 그러한 것처럼, 그 역시 날카로운 미학적 자의식을 보유한 시인이다. 그런 예민한 시인에게는 시의 언술 방식 자체가 이 세계에 대한 시의 존재론을 의미한다.

나는 조금씩 너에게 전달되었다.
나는 내 바깥에서 태어났다.
나는 아무것도 회상하지 않았지만
한 치의 오차도 없이
사라지기 시작하였다.
길을 걸어가는데
누군가의 기억이
내 머리카락을 들어 올렸다.
내 발이 지상을 떠나가는 풍경을
행인들은 관람하였다.　　　　　──「실종」 부분

　우선 '실종'이라는 시적 사건에 대해 말해보자. 왜 하필이면 '실종'인가? 재래적인 의미의 서정시는 순결한 일인칭의 목소리로 드러나는 영혼의 자기표현에 해당한다. 시는 무엇보다 단 하나의 내적 음성을 통해 대상에 대한 주체의 의식을 표상한다. 그런데 이 시는 이상한 방식으로 '나'의 존재론을 펼친다. "나는 조금씩 너에게 전달되었다" "나는 내 바깥에서 태어났다"라는 두 가지 문장은 '나'의 존재 방식에 대한 낯선 감각을 드러낸다. 기이하지 않은가? 만약 시적 주체가 직면하는 사건이 '실종'이라면 이 시집에서 도대체 저 순결한 일인칭의 처소는 어디에 있는 것일까?
　그럼 먼저 첫번째 문장의 '전달'이라는 사건에 관해서.

일반적인 의미에서 서정시의 '내'가 '너' 혹은 대상에 대해서 관계 맺는 방식은, 이른바 '서정적 동일화'의 과정이다. '나'는 '너' 혹은 대상과 어떤 방식으로든 동일성의 관계 속에서 스스로를 실현한다. 그런데 '전달'이라는 사건은 그것과는 다르다. 전달은 피동적으로 옮겨진다는 것이고, 그 옮겨짐은 '나'를 '나'로서 유지하는 방식이 아니다. 그것은 '내가 조금씩 '나'의 바깥으로 옮겨가게 되는 일이다. 그래서 두번째 문장이 이어진다. '전달'의 사건은 화자에 의해 '내 바깥으로 옮겨지는 사건'으로 해석된다. 그 다음의 문장들은 이 사건에 대한 이미지의 구체화 과정이다. '실종'이란 '내'가 '나'로부터 사라지는 일이고, 그 일은 '나'의 회상이 아니라, "누군가의 기억이/내 머리카락을 들어 올"리는 장면이 된다. 여기서 '실종'이라는 사건은 단지 확실히 존재했던 '내'가 갑자기 지상에서 사라지는 사건이 아니다. 그것은 차라리 '나'의 '바깥' 그 '격렬하고 모호한' 장소로부터 '내'가 다시 태어나는 사건이다. 만약 나의 외부에서 '내'가 출발하게 된다면, 나를 표상하는 기표는 실제의 나가 아니라, 나의 대리 표상에 불과한 것이 된다. 그런데 '내'가 어떤 것이 되려고 한다면, 나는 이런 '실종'과 '외재화'의 장면을 피할 수 없다. 시의 마지막 문장은 "나는 햇살 속에서/두 팔을 한껏 벌렸다"이다. 이 시에서 유일하게 일인칭 능동태인 문장은 그렇게 그 바깥으로의 '나'의 투신을 조용히 선언한다. 그리고 이 사소한 동작은 이 시집의 시적 자아가 처한 상황에 대한 중요한 암시처럼 보이기조차 한다. 무슨 암시?

> 나의 몸은 집중적으로
> 지속된다.
> 나는 끝내
> 외향적이다. 끊임없이
> 나의 유일한 외부,
> 당신을 향해
> 이송 중이다. ──「투우」 부분

> 하지만 모든 것은
> 약간의 이동일 뿐이니까.
> 그것은 술을 마시며 네가 한 말이었다.
> ──「이탈」 부분

> 그는 아주 빠르게
> 증발하였다.
> 아무도 고개를 돌리시 않았지만
> 그가 당신과 잡담을 나누고 있을 때
> 그의 손목은 지워졌다. ──「확산」 부분

나는 복도에서

나는 자판기 곁에서
나는 버스 안에서
분수처럼 흩어졌다
흩어져서
아무 곳으로나 스며들었다 　　　　　──「잡담」 부분

　이 시집에서 '나'와 '그'는 도처에서 '이송'되고 '이탈'하고 '증발'하고 '흩어지고' '확산'된다. 이 존재의 끊임없는 '이동'을 어떻게 설명해야 할까? 만약 이런 상황을 그 흔한 '주체성과 동일성의 해체' 따위의 개념으로 환원하려 한다면, 그것은 오해일 수 있다. '내가 나의 바깥에서 다시 태어나는 사건, 혹은 '나의 이동'이란, 일인칭의 정립 자체를 무화하는 관점은 아니다. 그것은 '이동'이라는 상황을 통해 주체의 존재론을 타자의 존재론으로 바꾸어놓는다. 그렇게 함으로써 주체의 완고함과 확실성은 이 세계의 균열과 만난다. 이장욱의 시는 그러한 균열과 대면하는 사건이다. 즉 그것은 해체의 사건이 아니라, '내'가 '나'의 외부와, '그'가 '그의 외부'와 기이하게 만나는 사건이다. 그 사건을 통해 주체는 모호한 위치를 드러내게 되지만, 그 모호성이야말로 '내'가 자신의 바깥에서 다시 태어나는 사건의 효과에 해당한다.

　당신과 나는 꽃처럼 어지럽게 피어나

꽃처럼 무심하였다.
당신과 나는 인칭을 바꾸며
거리의 끝에서 거리의 처음으로
자꾸 이어졌다.
무한하였다. ──「당신과 나는 꽃처럼」 부분

너와 나 사이에 비밀이 있었다.
나는 침묵했다.
사소한 비밀들로 팽팽히 채워진 채
진군하는 행인들, 우리는
금방이라도 터질 것 같애.
나는 내 얼굴을 지우고
그 얼굴을 기억하는
다른 얼굴이 되겠지만 ──「새들의 비밀」 부분

우리는 완고하게 연결돼 있다
우리는 서로 통한다

전봇대 꼭대기에 올라가 있는 배선공이
어디론가 신호를 보낸다

고도 팔천 미터의 기류에 매인 구름처럼
우리는 멍하니

상공을 치어다본다

너와 단절되고 싶어
네가 그리워 ——「전선들」 부분

 이 장면들에서 실종 사건들은 사랑의 사건이다. 사랑의 사건이 온전한 것이 되려면, 우선 주체의 확실성이 이인칭 '당신'의 영혼과 동일화되어야 한다. 그런데 위의 장면들에서 "당신과 나는 인칭을 바꾸"고, "나는 내 얼굴을 지우고," 심지어 "너와 단절되고 싶어" 한다. 무슨 연유에서일까? 이인칭과 일인칭의 동일화라는 사랑의 동력은, 이 시들에서는 인칭을 바꾸고 얼굴을 바꾸고, 위치를 바꾸는 이상한 사건으로 변환된다. 그것은 사랑의 사건에서 낭만성을 탈낭만성과 대면시키는 방식이다. 가령 이런 질문. 일인칭과 이인칭의 순결한 소통, 그 낭만적 사랑의 신화가 기만이 되는 산문적 현실 속에서, 어떤 사랑의 문법이 가능할까? 이를테면 위의 세번째 시에서 전봇대에 나란히 서 있는 새들은 서로 완고하게 연결되어 '통하고' 있지만, 그것은 단지 '전선'을 통해서이다. 그런 상황에서 그리움을 실현하는 방식이란 역설적으로 '단절'을 꿈꾸는 것이다. 인칭을 바꾸고, 얼굴을 지우는 사랑은 탈낭만적인 맥락에서 재구성된 사랑의 다른 방식에 속한다.

우리는 마침내 서로 다른 황혼이 되어
서로 다른 계절에 돌아왔다
무엇이든 생각하지 않으면 물이 돼버려
그는 零下의 자세로 정지하고
그녀는 간절히 기도를 시작하고
당신은 그저 뒤를 돌아보겠지만

성탄절에는 뜨거운 여름이 끝날 거야
우리는 여러 세계에서 모여들어
여전히 사랑을 했다
외롭고 달콤하고 또 긴 사랑을
——「우리는 여러 세계에서」 부분

 이런 사랑은 "서로 다른 황혼이 되어/서로 다른 계절에 돌아"오는 사랑이다. 그들은 여전히 "외롭고 달콤하고 또 긴 사랑을" 하지만, 그 사랑은 완전한 소통과 일치를 꿈꾸는 사랑이 아니다. 그들은 서로 다른 존재로서 서로 다른 시간에 돌아온다. 그럼에도 불구하고 이 다른 시간 속의 다른 자세들을 굳이 '사랑'으로 불러야 할까? 만약 그것이 사랑이라면, 그것은 일치의 미학이 아니라, 다른 자세를 승인하는 미학에 속한다. 여기서 사랑은 하나가 되는 일이 아니라, '다름'이라는 방식으로 동시에 존재하는 사건이다. 그래서 사랑에 처한 코끼리군은 이런 엽서를 띄운다.

너에게 나는 소문이다.

나는 사라지지 않지.

나는 종로 상공을 떠가는

비닐봉지처럼 유연해.

자동차들이 착지점을 통과한다.

나는 자꾸

몸무게가 제로에 가까워져

밤새 고개를 들고 열심히

너를 떠올렸다.

속도 자체는 아무것도 아니야.

사물과 사물 사이의 거리가 있을 뿐.

나는 아무 때나 정지할 수 있다.

〔……〕

비닐의 몸을 통과하는 무한한 확률들.

우리는 유려해지지 말자.

널 사랑해.　　—「근하신년—코끼리군의 엽서」 부분

  우선 아주 사소한 의문. '코끼리군'은 도대체 누구인가? 이 의문은 어쩌면 유효하지 않다. 가상의 일인칭인 '코끼리군'이 반드시 이를테면 '기린군'이 아니라 '코끼리군'이어야 하는 필연적인 이유는 없다. '반드시 그래야만 하는 이유'는 산문의 세계에 속한다. 다만 시인은 '코끼리군'이라는 어떤 일인칭의 이미지를 선택했을 뿐이다. '코끼리군'은 아주 몽롱한 주체의 장소이다. 그것은 실체이기보다는 떠도는 이미지에 가깝다. 떠도는 이미지? 코끼리라는 덩치 큰 짐승이 어떻게 떠돌 수 있을까? 이런 이미지의 충돌의 효과는 이 시의 일인칭이 '코끼리군'이 되는 이유일지도 모른다. 이를테면 코끼리가 "종로 상공을 떠가는/비닐봉지처럼 유연"할 수 있다는 것. "몸무게가 제로에 가까워"진다는 것. 코끼리의 몸과 떠가는 비닐봉지의 몸 사이의 이미지의 대치는 시적 주체로서의 일인칭의 실체적인 무게감을 덜어낸다. 아이러니하게도 혹은 슬프게도, 우리의 '코끼리군'은 결코 '사라지지 않고' '소문처럼' 떠도는 존재의 방식으로 '너'를 사랑한다. 코끼리의 무게가 비닐봉지의 무게로 화하는 장면을 무게의 '실종'이라고 표현할 수 있다면, 코끼리군의 사랑은 코끼리군의 실종으로 번역될 수 있다. 이 시가 '근하신년'이라는 형식으로 자신의 근황을 전하고 행복을 기원하는 '엽서'라는 점은 그래서 흥미롭다. 일인칭의 순수한 소망으로 가득 차야 할 '근하신년'의 엽서는 그렇게 코끼리군의 기이한 사랑의 존재 방식을 느러낸다. 그리고, 또 다른 곳에 출몰하는 코끼리군의 모습을 볼 수 있다.

모호한 빛 속에서 느낌 없이 흔들릴 때
구름 따위는 모두 알고 있다는 듯한 표정들.

하지만 돌아보지 말자, 돌아보면 돌처럼 굳어
다시는 카운터 펀치를 날릴 수 없지.
안녕. 날 위해 울지 말아요.
고양이가 있었다는 증거는 없잖아? 그러니까,
가이사의 것은 가이사에게
구름의 것은 구름에게.
나는 지치지 않는
구름의 스파링 파트너.

—「인파이터—코끼리군의 엽서」 부분

불연속적인 의미의 문장들과 단속적인 이미지들이 병치되는 이런 시는, 방법론적 모호성을 새로운 시적 언술의 차원으로 들어 올린다. 우선 이 시에서 코끼리군은 또 한 번의 엽서를 띄우는데, 그 엽서의 주된 전언은 아마도 "나는 지치지 않는/구름의 스파링 파트너"라는 것인가 보다. 그냥 그렇다고 치자. 그러면 우선 왜 구름이 나의 스파링 파트너인가 하는 의문부터. "저기 저, 안전해진 자들의 표정을 봐"라는 다소 도발적인 첫 문장에서 드러나는 것처럼, 구름은 "안전해진 자들"의 상대편에 서 있는 가변적이고 모호한 어떤 존재이다. 그들이 "구름 따위는 모두 알고 있다는 듯한 표정들"을 지으며, 구름의 존재를 대수롭지 않게 여길 때, '나-코끼리군'은 "벙어리처럼" 구름과 싸운다. '인파이터'는 지치지 않고 구름의 안쪽을 파고든다. 구름과 인파이터의 스타일로 대결한다는 것은 무모하다. 구름은 너무 유동적이고 실체의 무게를 갖지 않기 때문이다. 이 기이한 스파링은 그러나, '나-코끼리군'이 "안전해진 자들"과 다른 방식으로 구름의 움직임에 몸을 담는 하나의 방식이다. 이 시의 불연속적인 진술들은, 구름과의 스파링과도 같은 우발적이고 모호한 언어의 운용 방식을 보여준다. 그리하여 시의 언어 자체가 구름의 존재와 대결한다. 물론 '나'는 구름 자체는 될 수 없겠지만 말이다.

> 나의 사랑은 변하지 않았다
> 나의 죽음은 변하지 않았다
> 나는 금욕적이며
> 장래 희망이 있다
>
> 1968년이 오자
> 프라하의 봄이 끝났다
> 레드 제플린이 결성되었다
> 김수영이 죽었다
>
> 그 후로도 오랫동안
> 나는 여전히 태어나지 않았다
> 비가 내리자
> 나는 단순하게

잠깐 울다가
전진하였다   ─「좀비 산책」부분

친구들에게 전화를 걸고 싶다.
하지만 너무 많은 것을 반성해서는 안 된다.
나에게는 신비로운 과거가 없으며,
나에게는 늙으신 아버지가 있으며,
나는 오로지 지금 이곳에 있다.
갑자기 무서운 생각이 시작된다.
단 하나의 생각이
나를 결박한다.
나는 얼어붙는다.
오 분 전과 머나먼 미래가 한꺼번에 다가온다.
나는 천천히, 몸을 일으킨다.   ─「결정」부분

 코끼리군으로 명명되지 않는다 하더라도, 이 시집의 일인칭들은 비닐봉지처럼, 떠도는 코끼리의 존재처럼 그렇게 등장한다. 그것은 "좀비"의 모습을 갖기도 하며, "신비로운 과거"가 없는 존재로 나타난다. 그들은 "여전히 태어나지 않았"거나, '기원'의 신비와 권위를 갖지 않는다. 이 모호한 일인칭들은 확실한 주체의 공간에 거주하는 대신, 어떤 특정한 시간 속에서만 살아 있는 것처럼 보인다. "좀비"로서의 '나'는 왜 하필이면 "1968년"에 대해 말하고,

"신비로운 과거"가 없는 '나'는 "오 분 전과 머나먼 미래가 한꺼번에 다가"오는 지금 이곳에 있는가? 이 일인칭들은 특정한 시간을 집요하게 호명하고 있지만, 그 특정한 시간의 내용과 의미를 아는 것은 거의 불가능하다. 일인칭은 특정한 시간 속에 처해 있지만, 그 시간은 다만 텅 빈 구체성을 갖는다. 반드시 그 시간에 처해 있어야 하는 이유를 찾아낼 수 없는 것은, 기원으로서의 과거와 현재와의 확실한 관계 속에 시적 주체가 거주하고 있지 않기 때문이다.

> 나는 우연하여 집요한 의문에 시달리고
> 이제 일 년 뒤의 횡단보도를
> 다른 표정으로 건너가는 남자.
> ──「불균형한 생각」 부분

> 19세기의 비가 내리면
> 목요일에 전화할게.
> 목요일,
> 유일한 목요일에는 전화할게. ──「19세기의 비」 부분

> 오늘은 개인적인 관계로 가득하다.
> 오늘은 10년 후의 야구와 같다.
> ──「10년 후의 야구장」 부분

여름의 잎새들 사이로는
12월의 눈이 내렸다.
우리는 최선을 다해 서로에게서 멀어졌다.
　　　　―「여름의 인상에 대한 겨울의 메모」 부분

오늘은 종신 보험을 들고
오늘은 前生이고
오늘은 모든 게 무책임해.　　―「아마도 악마가」 부분

자꾸 다르게 보여
당신은 이미 태어났는데
당신은 사랑을 했었는데
당신은 지난해의 가을을 여행 중인데
　　　　　　―「정확한 질문」 부분

　이런 장면들에서 비동시적인 것들은 도처에서 동시적인 상황으로 등장한다. 시제의 의도적 교란은 이장욱 시의 또 다른 문법적 특징이다. 선형적으로 진행되는 물리적 시간은 중층적으로 뒤엉킨 다른 차원의 시간으로 전환된다. 그래서 "일 년 뒤의 횡단보도를/다른 표정으로 건너가는 남자"가 있고, "19세기의 비가 내리"고, "오늘은 10년 후의 야구와 같"으며, "오늘은 前生"이고, "당신은 지난해의 가을을 여행 중"이다. 현재의 시간대 위에 다른 과거와 미래들이 중층적으로 개입한다. 그 개입은 과거, 현재, 미래라는 시간의 선형적 구조를 교란하고 현재 자체를 복층적인 차원으로 감각하게 한다. 일인칭의 실존적 동일성은 특정한 과거와 분명한 현재와 필연적으로 도래할 미래 사이에서 설정된다. 주체성은 기억을 상징적 질서 속에 구성되는 서사에 통합함으로써 확립된다. 그런데 만약 그런 선형적인 시간의 서사 구조 자체가 뒤틀린다면, 주체는 어느 시간대에서 구축되어야 하는 것일까? 이장욱의 시에서 시간은 그 선형적인 의미 내용을 박탈당한다. 과거는 현재의 기원이 아니며, 현재는 과거의 원인이 되지 않는다. 자아가 어떤 분명한 기원을 갖지 않은 것처럼 말이다. 다른 방식으로 말한다면, 이런 시간성의 교란은 기억의 개인 신화에 의해 구축된 '서사적 중력의 중심'으로서의 '나'를 벗어나게 만든다.

> 이 밤은 아홉 시에서 열한 시까지 흘러가요
> 오로지 이 밤은 아홉 시에서 열한 시까지의 밤이라서요
> ——「완전한 밤」 부분

> 오전 열한 시에 나는 소리들을 흡수하였다.
> 오전 열한 시에 나는 가능한 한 시끄러웠다.
> 창문을 열고 수많은 목소리가 되었다.
> ——「소음들」 부분

이 밤이 왜 하필이면 "아홉 시에서 열한 시까지"만인지, 혹은 '내'가 소리들을 흡수하는 시간이 왜 하필이면 "오전 열한 시"인지를 묻는 것 역시 무기력하다. 그 특정한 시간은 사실 특정한 인간적 의미에 의해 채워진 시간이 아니다. 이 특정한 시간에는 기억으로 충만한 개인 신화가 기록되어 있지 않다. 그 시간은 단지 떠도는 시간의 기표일 뿐이며, 그것이 선택된 것은 일종의 기표의 선택적 놀이에 해당한다. 다만 그런 개별화된 시간대가 '나'에 의해 발설되었을 뿐이다. 그렇다면 '정오' 역시 그러한가?

> 누군가 지상의 마지막 시간을 보낼 때
> 냉소적인 자들은 세상을 움직였다.
> 거리에는 키스 신이 그려진
> 극장 간판이 걸려 있고
> 가을은 순조롭게 깊어갔다.
> 나는 사랑을 잃고
> 당신은 줄넘기를 하고
> 음악은 정오의 희망곡,
> 냉소적인 자들을 위해 우리는
> 최후까지
> 정오의 허공을 날아다녔다. ─「정오의 희망곡」부분

「정오의 희망곡」의 문맥은 보다 복합적이다. 같은 제목의 널리 알려졌던 FM 음악 프로그램이 있기 때문이다. 이 프로그램의 제목을 알고 있는 대중들이 적지 않을 것이므로, 이 제목은 시를 대중문화적 인유의 맥락 속에서 위치시킨다. 그런데 시는 그런 대중문화적 코드를 드러내지 않은 채로, 그 시간성을 특유의 문법 안에 재배치한다. 정오란 그 '희망적'인 뉘앙스와는 달리 이 시에서는 종말적인 시간대로 채색된다. 냉소와 죽음은 '정오의 희망곡'처럼 '정기적'으로 반복되면서, 세상을 움직인다. '가을'처럼, '당신의 줄넘기'처럼, '정오'만 되면 흘러나오는 음악처럼, 시간은 동어반복된다. 이 시에서 몇 구절이 동어반복되는 것과 마찬가지로, 정오라는 시간은 강박적으로 반복된다. 그것이 '내'가 경험하는 이 세계의 시간성이다. 순결한 일인칭의 기억으로 충만한 개인 신화로서의 시간성이 아니라, 무심한 강박적 반복으로서의 무시간적 시간성. 이 공간에서는 종말조차도 강박적으로 반복될 것이다.

이장욱은 일인칭 자아의 신비와 권위를 지워버리는 자리에서, 다시 어떤 다른 '사랑'을 발음한다. 주체의 정념의 자리를 소거한 채로 '나'는 그 첨예한 개별성만으로 겨우 존재한다. 이장욱의 '나'와 '그'는 주체의 인격적 권위와 실체성을 비워버린다는 의미에서, 탈인칭적이거나 비인칭적이다. 인칭들은 끊임없이 위치를 이동하면서 자신의 실체적 무게를 비워, 무중력 공간 안에 부유하게 된다. 그래서 이장욱의 사랑은 '나'의 인격적 지위를 주창하지 않는 다른 '나'의 존재 방식이다. 그것은 주체화의 불가능성을 승인하는 시적 주체의 존재론에 해당하며, 시간의 무시간성을 받아들이며 만나는 다른 시간 속의 음악이다.

외형적으로 서정시의 문법 안에 머물고 있는 것처럼 보이는, 이장욱의 시는 이렇게 서정성 자체를 낯설게 하고 사랑을 다른 문법 안에서 개별화한다. 그래서 한국 서정시에서의 잠언적 미학의 잔재들을 털어내고, 서정성 자체를 떠도는 스캔들로 만든다. 서정시는 순결한 지혜와 위안의 목소리가 아니라, 시적 자아의 우연적 일탈로서의 미학적 스캔들이 된다. 이장욱에게 문제적인 것은 서정시적 어법의 바깥에서가 아니라, 안에서 그것의 자명성을 무너뜨리는 작업이다. 서정성으로 하여금 서정성의 내질(內質)을 바꾸게 한다는 의미에서 그것은 서정시의 전유(專有)이며, 서정적 진술이 놓여 있는 맥락을 변경함으로써 그것을 다른 기호로 작용하게 만든다는 측면에서 그것은 서정시의 '재전유'이다. 그는 진정한 인파이터가 아니던가? 이장욱의 시가 한국 시의 모더니티의 한 극한에 서 있다는 것을 승인한다면, 이장욱은 한국 시의 가장 불행하고 "우울한 모던 보이"로 명명될 수 있다. 모던 보이가 우울한 것은 '모던'에 대한 첨예한 자의식 때문이다. 그 자의식이 끝 간 데서 '나'-모던 보이는 존재론적으로 '실종'된다. 지금 글쓰는 내가 이렇게 이장욱을 반복적으로 호명하면, 이장욱이, 이장욱은, 이장욱을, 이장욱에서⋯⋯ 사라진다.